škola - škola	2
putovanje - putovanje	5
transport - transport	8
grad - grad	10
pejsaž - krajolik	14
restoran - restoran	17
supermarket - supermarket	20
napitci - piće	22
jelo - jelo	23
seosko gazdinstvo - seosko imanje	27
kuća - kuća	31
dnevna soba - dnevni boravak	33
kuhinja - kuhinja	35
kupaonica - kupatilo	38
dečija soba - dječija soba	42
odeća - odjeća	44
kancelarija - ured	49
ekonomija - ekonomija	51
zanimanja - zanimanja	53
alati - alat	56
muzički instrument - muzički instrumenti	57
zoološki vrt - zološki vrt	59
sport - sport	62
aktivnosti - aktivnosti	63
porodica - porodica	67
telo - tijelo	68
bolnica - bolnica	72
hitni slučaj - hitna pomoć	76
zemlja - Zemlja	77
sat - sat	79
sedmica - sedmica, nedjelja	80
godina - godina	81
oblici - oblici	83
boje - boje	84
suprotnosti - suprotnosti	85
brojevi - brojevi	88
jezici - jezici	90
ko / šta / kako - ko / šta / gdje	91
gde - gdje	92

Impressum
Verlag: BABADADA GmbH, Nedderfeld 112 , 22529 Hamburg
Geschäftsführer / Verlagsleitung: Harald Hof
Druck: Books on Demand GmbH, In de Tarpen 42, 22848 Norderstedt

Imprint
Publisher: BABADADA GmbH, Nedderfeld 112 , 22529 Hamburg, Germany
Managing Director / Publishing direction: Harald Hof
Print: Books on Demand GmbH, In de Tarpen 42, 22848 Norderstedt, Germany

škola

škola

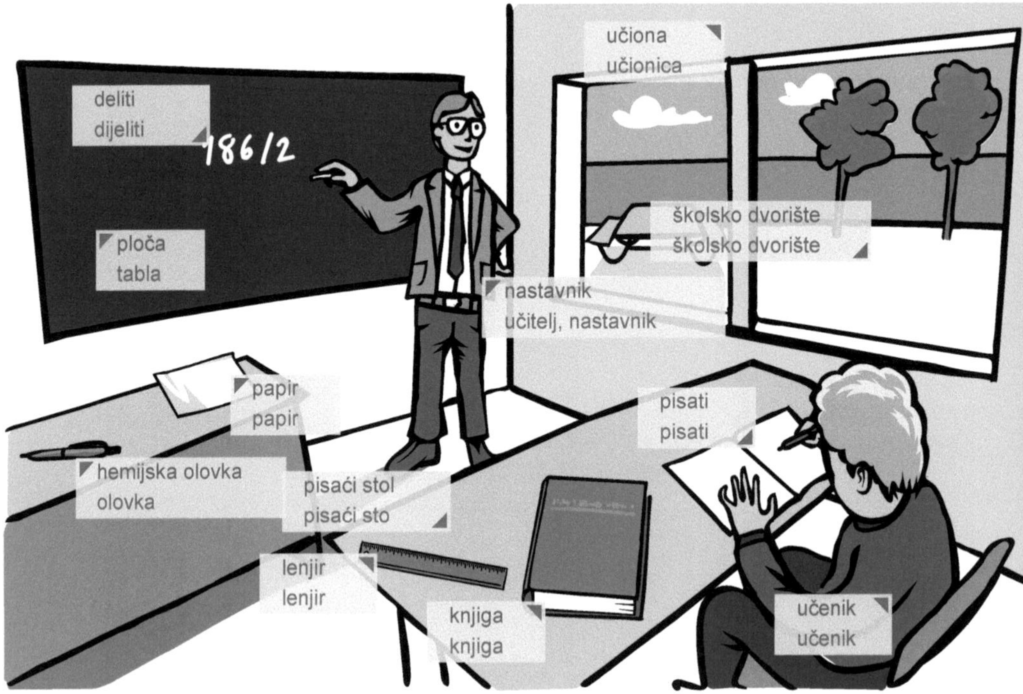

učiona
učionica
deliti
dijeliti
186/2
ploča
tabla
školsko dvorište
školsko dvorište
nastavnik
učitelj, nastavnik
papir
papir
pisati
pisati
hemijska olovka
olovka
pisaći stol
pisaći sto
lenjir
lenjir
knjiga
knjiga
učenik
učenik

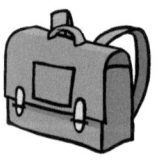

torba
torba

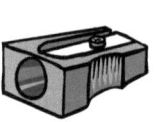

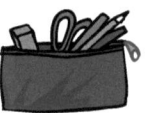

pernica
pernica

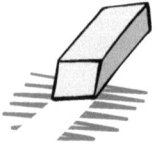

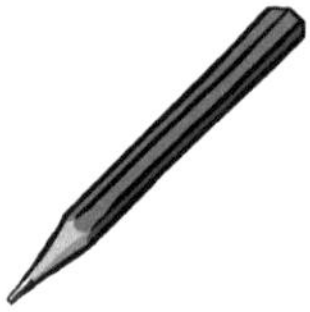

grafitna olovka
drvena olovka

šiljilo za olovke
šiljalo za olovke

gumica za brisanje
gumica

blok za crtanje
blok za crtanje

crtež
crtež

kist
kist

kutija sa bojama
kutija s bojama

makaze
makaze

lepilo
ljepilo

beležnica
vježbanka

domaći zadatak
domaća zadaća

12

broj
broj

2+2

sabirati
sabirati

5-2

oduzimati
oduzimati

2×2

množiti
množiti

računati
računati

A

slovo
slovo

ABCDEFG
HIJKLMN
OPQRSTU
VWXYZ

abeceda
abeceda

reč
riječ

tekst

tekst

čitati

čitati

kreda

kreda

čas

sat

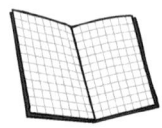

dnevnik

školski dnevnik

ispit

ispit

svedočanstvo

svjedočanstvo

školska uniforma

školska uniforma

obrazovanje

izobrazba

leksikon

leksikon

univerzitet

univerzitet

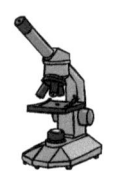

mikroskop

mikroskop

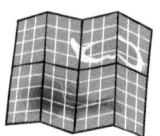

karta

karta

košara za papir

korpa za papir

hotel
hotel

Grand

prenoćište
hostel

ROOMS

EXCHANGE

menjačnica
mjenjačnica

kofer
kofer

auto
auto

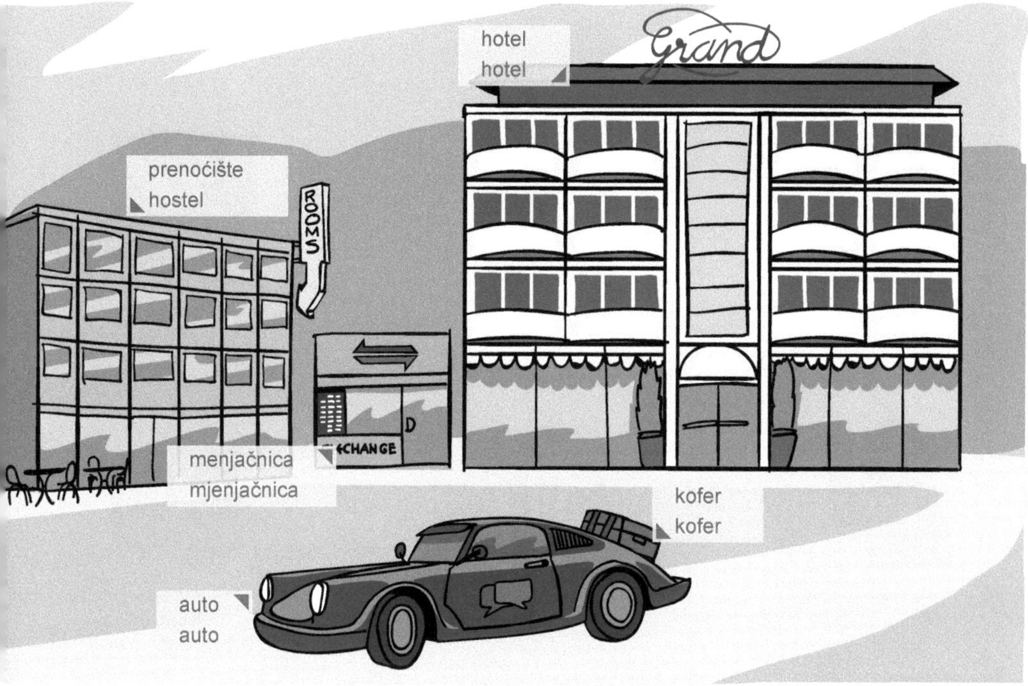

jezik
jezik

da / ne
da / ne

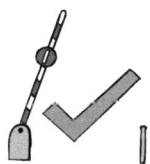

okej
okej

zdravo
zdravo

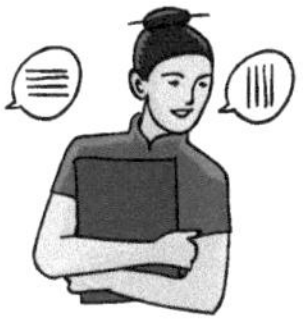

prevodilac
tumač

hvala
hvala

Koliko košta...?

Koliko košta...?

ne razumem

Ne razumijem

problem

problem

dobro veče!

dobro veče!

Dobro jutro!

Dobro jutro!

Laku noć!

Laku noć!

doviđenja

doviđenja

smer

smjer

prtljaga

prtljag

torba

torba

ruksak

ruksak

gost

gost

soba

soba

vreća za spavanje

vreća za spavanje

šator

šator

turističke informacije

turističke informacije

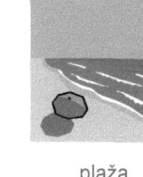

plaža

plaža

kreditna kartica

kreditna kartica

doručak

doručak

ručak

ručak

večera

večera

karta za vožnju

putna karta

lift

lift

poštanska markica

poštanska markica

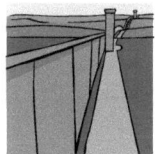

granica

granica

carina

carina

ambasada

ambasada

viza

viza

pasoš

pasoš

transport
transport

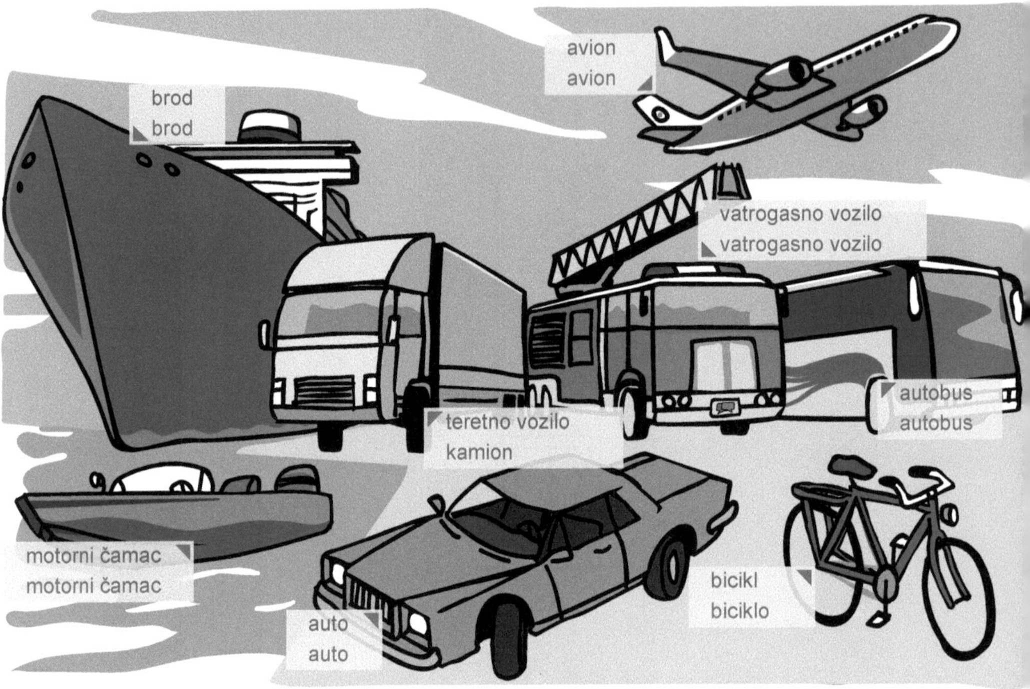
avion
avion
brod
brod
vatrogasno vozilo
vatrogasno vozilo
autobus
autobus
teretno vozilo
kamion
motorni čamac
motorni čamac
bicikl
biciklo
auto
auto

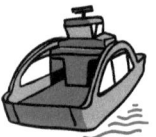

trajekt

trajekt

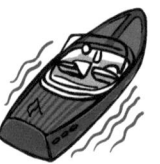

čamac

brod

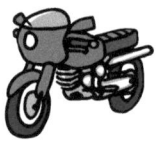

motocikl

motocikl

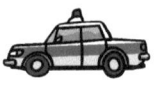

policijski auto

policijski automobil

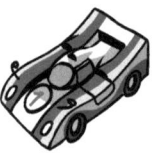

trkaći auto

trkaći automobil

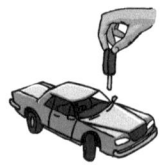

iznajmljeno auto

unajmljeni automobil

delenje automobila

kar-šering

vučno vozilo

pauk

vozilo za odvoz smeća

smećarsko vozilo

motor

motor

benzin

gorivo

benzinska stanica

benzinska pumpa

saobraćajni znak

saobraćajni znak

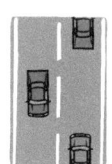

saobraćaj

saobraćaj

zastoj

zastoj

parklralište

parking

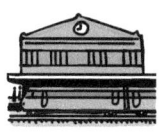

železnička stanica

željeznička stanica

šine

šine

voz

voz

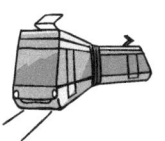

tramvaj

tramvaj

vagon

vagon

helikopter
helikopter

aerodrom
aerodrom

kula
toranj

putnik
putnik

kontejner
kontejner

karton
karton

kolica
tačke

korpa
korpa

uzleteti / sleteti
poletjeti / sletjeti

grad
grad

selo
selo

centar grada
centar grada

kuća
kuća

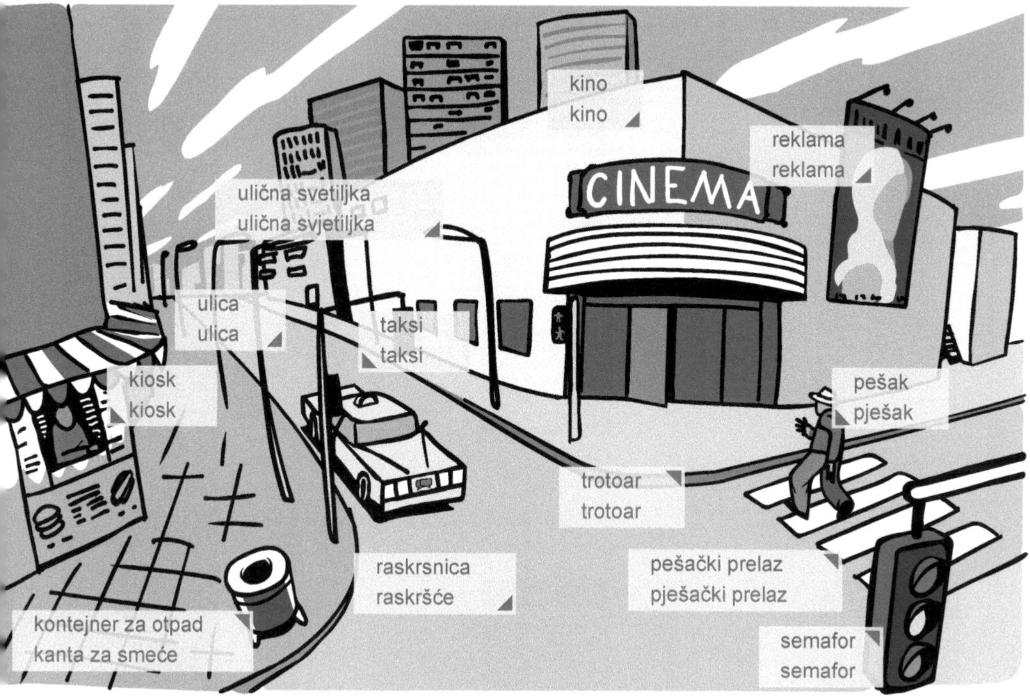

kino
kino

reklama
reklama

ulična svetiljka
ulična svjetiljka

CINEMA

ulica
ulica

taksi
taksi

pešak
pješak

kiosk
kiosk

trotoar
trotoar

raskrsnica
raskršće

pešački prelaz
pješački prelaz

kontejner za otpad
kanta za smeće

semafor
semafor

koliba
koliba

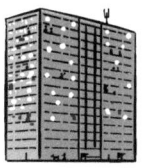

stan
stan

železnička stanica
željeznička stanica

većnica
vjećnica

muzej
muzej

škola
škola

univerzitet
univerzitet

banka
banka

bolnica
bolnica

hotel
hotel

apoteka
apoteka

kancelarija
ured

knjižara
knjižara

prodavnica
radnja

cvećara
cvjećara

supermarket
supermarket

trg
pijaca

robna kuća
robna kuća

ribarnica
prodavač ribe

trgovački centar
trgovački centar

luka
luka

dolina

dolina

planina

brdo

jezero

jezero

šuma

šuma

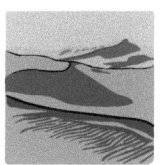

pustinja

pustinja

vulkan

vulkan

dvorac

dvorac

duga

duga

gljiva

gljiva

palma

palma

moskito

komarac

muva

muha

mrav

mrav

pčela

pčela

pauk

pauk

buba
buba

žaba
žaba

veverica
vjeverica

jež
jež

zec
zec

sova
sova

ptica
ptica

labud
labud

divlja svinja
divlja svinja

jelen
jelen

los
los

nasip
brana

vetrenjača
vjetrenjača

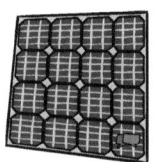

solarna ploča
solarni modul

klima
klima

pejsaž - krajolik

restoran

restoran

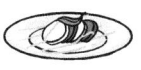

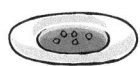

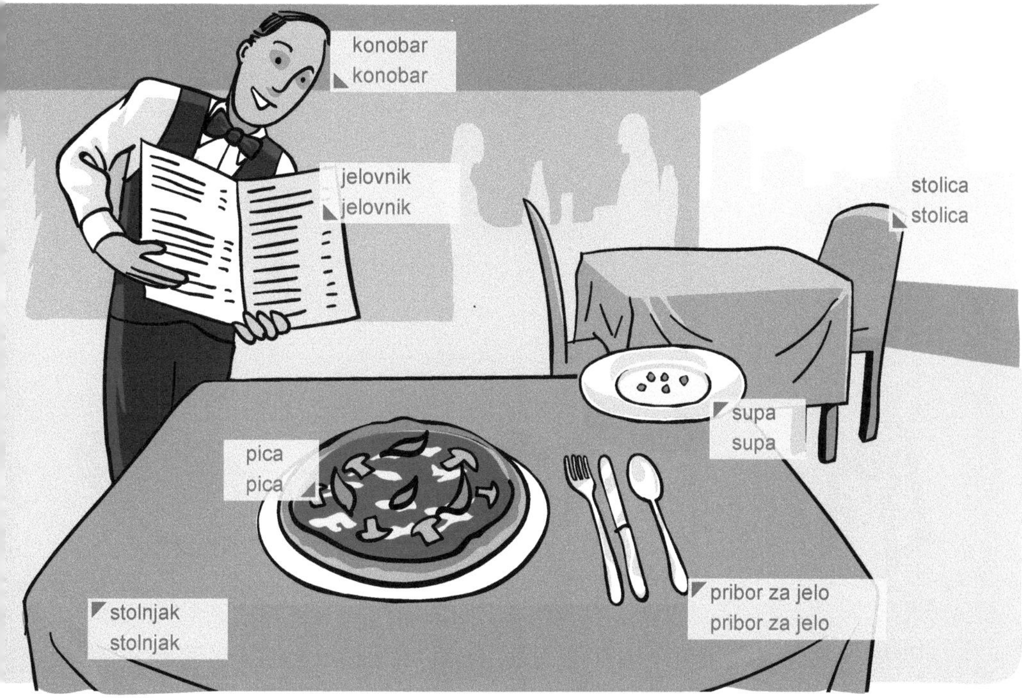
konobar
konobar
jelovnik
jelovnik
stolica
stolica
supa
supa
pica
pica
stolnjak
stolnjak
pribor za jelo
pribor za jelo

predjelo

predjelo

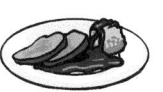

glavno jelo

glavno jelo

desert

desert

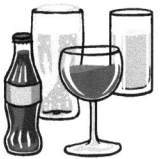

napitci

piće

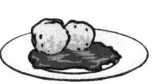

jelo

jelo

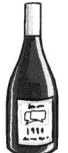

flaša

flaša

brza hrana
brza hrana

imbis hrana
jelo sa ulice

čajnik
čajnik

doza za šećer
šećernica

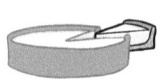

porcija
porcija

aparat za espresso
mašina za espreso

visoka stolica
barska stolica

račun
račun

poslužavnik
tacna

nož
nož

viljuška
viljuška

kašika
kašika

čajna kašika
kašičica

salveta
salveta

čaša
čaša

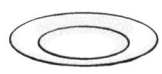		
tanjir	tanjir za supu	tanjirić
tanjir	tanjir za supu	tanjurić

sos	soljenka	mlin za biber
sos	solanik	mlin za biber

sirće	ulje	začini
sirće	ulje	začini

kečap	senf	majoneza
kečap	senf	majoneza

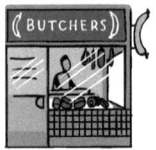

supermarket
supermarket

ponuda
ponuda
FOR
kupac
klijent
mlečni proizvodi
mliječni proizvodi
voće
voće
kolica za kupovinu
kolica za kupovinu

BUTCHERS

mesnica
mesnica- klaonica

BAKERY

pekara
pekara

vagati
vagati

povrće
povrće

meso
meso

smrznuta hrana
zaleđena hrana

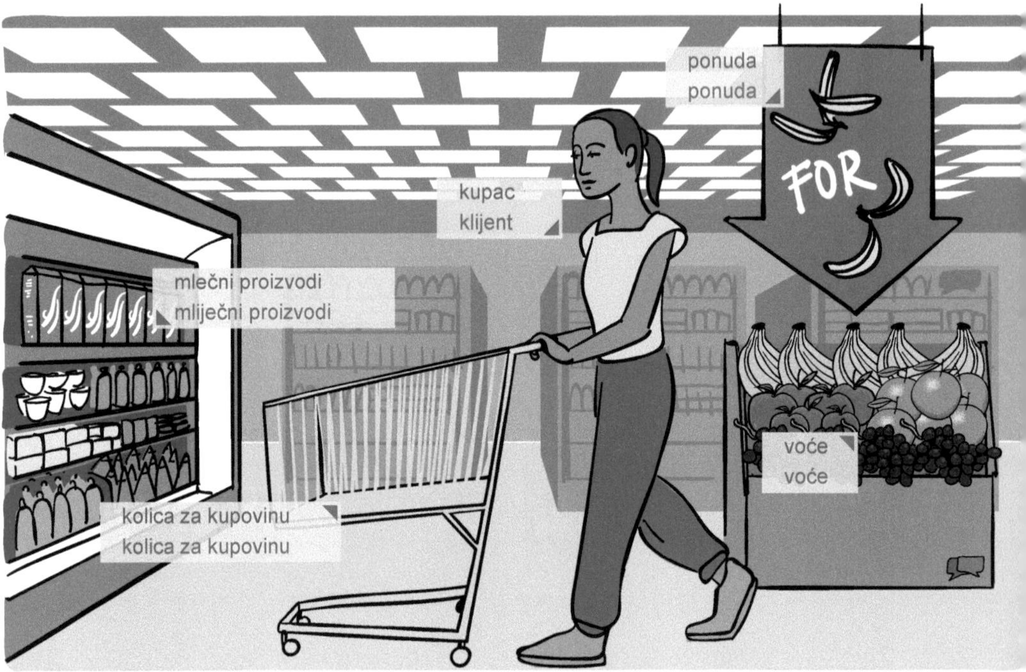

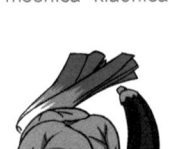

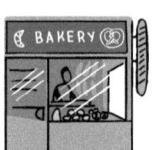

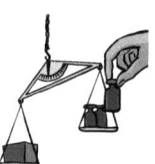

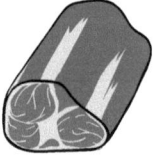

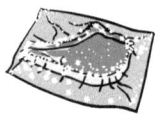

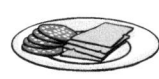

narezak

narezak

konzerve

konzerve

sredstvo za pranje

prašak za veš

slatkiši

slatkiši

artikli za domaćinstvo

kućanski proizvodi

sredstva za čišćenje

sredstvo za čišćenje

prodavačica

prodavačica

blagajna

kasa

blagajnik

blagajnik

lista za kupovinu

lista za kupovinu

vreme rada

radno vrijeme

novčanik

novčanik

kreditna kartica

kreditna kartica

torba

torba

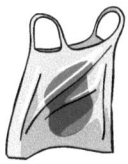

plastična kesa

najlonska vrećica

voda
voda

sok
sok

mleko
mlijeko

kola
kola

vino
vino

pivo
pivo

alkohol
alkohol

kakao
kakao

čaj
čaj

kava
kafa

espresso
espreso

cappuccino
kapućino

banana

banana

jabuka

jabuka

narandža

narandža

lubenica

lubenica

limun

limun

šargarepa

mrkva

beli luk

bijeli luk

bambus

bambus

luk

crveni luk

gljiva

gljiva

orašasti plodovi

orašasti plodovi

rezanci

pasta

špagete
....
špagete

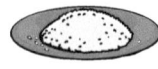

riža
....
riža

salata
....
salata

pomfrit
....
pomfrit

pečeni krumpir
....
pečeni krompir

pica
....
pica

hamburger
....
hamburger

sendvič
....
sendvič

šnicla
....
šnicla

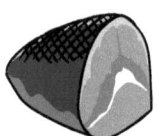

šunka
....
šunka

salama
....
kobasica

kobasica
....
kobasica

kokoš
....
kokoš

pečenje
....
pečenje

riba
....
riba

zobene pahuljice

zobene pahuljice

musli

muzli

kukuruzne pahuljice

kornfleks

brašno

brašno

kroasan

kroason

pecivo

zemičke

hleb

kruh

toast

tost

keksi

keksi

maslac

maslac

sveži sir

svježi sir

kolač

kolač

jaje

jaje

jaje na oko

jaje na oko

sir

sir

sladoled

sladoled

šećer

šećer

med

med

marmelada

marmelada

nugat krema

nugat krema

kari

kuri

seosko gazdinstvo
seosko imanje

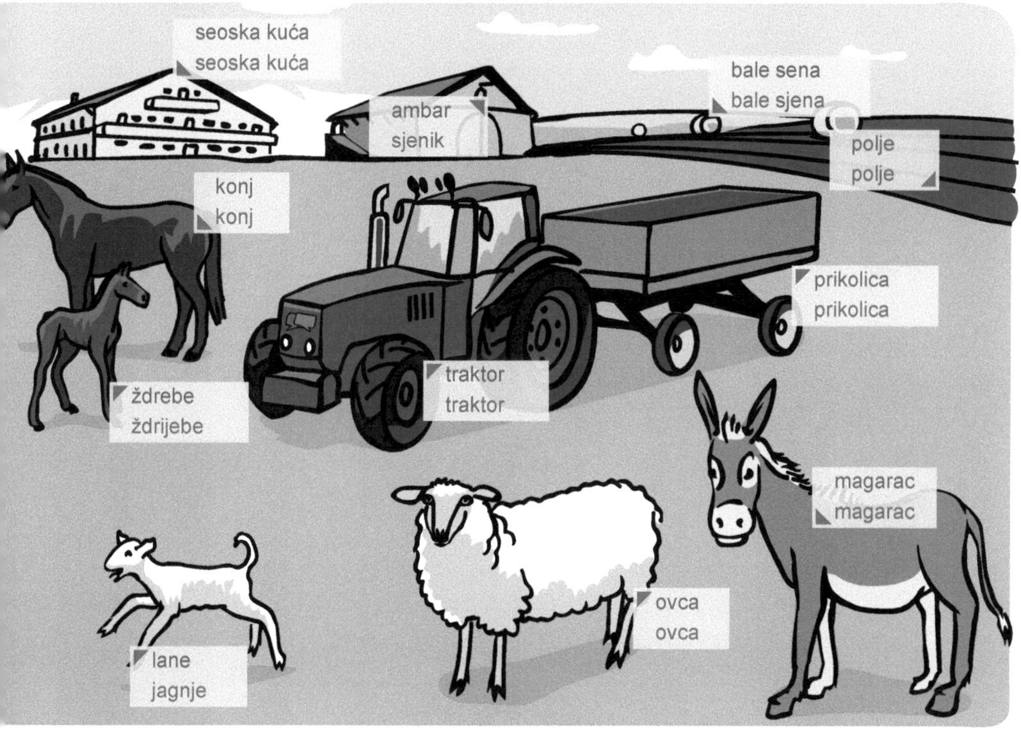
seoska kuća
seoska kuća
ambar
sjenik
bale sena
bale sjena
polje
polje
konj
konj
prikolica
prikolica
traktor
traktor
ždrebe
ždrijebe
magarac
magarac
ovca
ovca
lane
jagnje

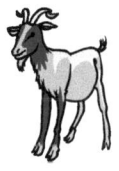

koza
koza

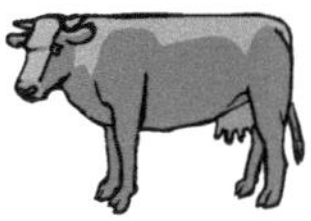

krava
krava

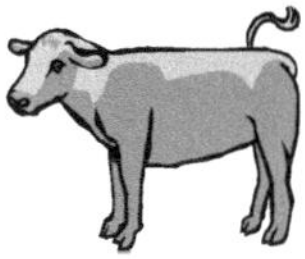

tele
tele

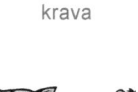

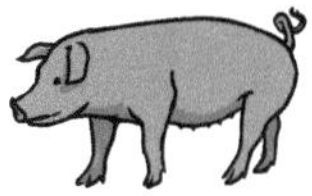

svinja
svinja

prase
prase

bik
bik

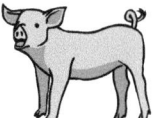

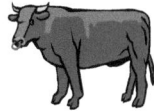

guska

guska

patka

patka

pilići

pile

kokoš

kokoška

petao

pjetao

pacov

pacov

mačka

mačka

miš

miš

vol

vol

pas

pas

kućica za psa

pseća kućica

vrtno crevo

crijevo za baštu

kanta za polivanje

kanta za zalijevanje

kosa

kosa

plug

plug

srp
srp

motika
motika

viljuška za đubrivo
vile

sekira
sjekira

tačke
tačke

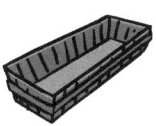

korito
korito

posuda za mleko
bokal za mlijeko

vreća
vreća

ograda
ograda

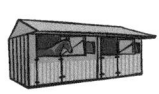

štala
štala

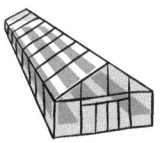

staklenik
staklenik

zemlja
tlo

seme
sjeme

đubrivo
đubrivo

kombajn
kombajn

žeti
....
kositi

žetva
....
žetva

jams začin
....
jam korijen

pšenica
....
pšenica

soja
....
soja

krumpir
....
krompir

kukuruz
....
kukuruz

uljana repica
....
uljana repica

voćka
....
drvo voća

gomolj manioke
....
manioka

žitarice
....
žito

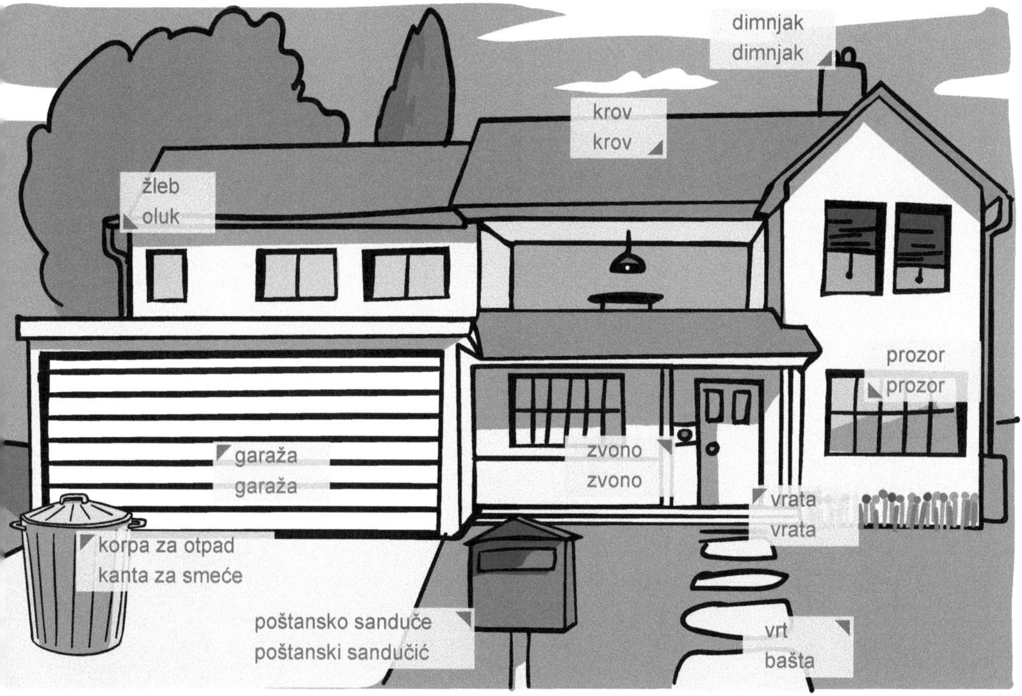

dimnjak
dimnjak

krov
krov

žleb
oluk

prozor
prozor

garaža
garaža

zvono
zvono

vrata
vrata

korpa za otpad
kanta za smeće

poštansko sanduče
poštanski sandučić

vrt
bašta

dnevna soba
dnevni boravak

kupaonica
kupatilo

kuhinja
kuhinja

spavaća soba
spavaća soba

dečija soba
dječija soba

trpezarija
trpezarija

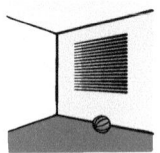	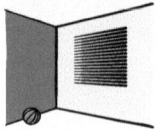	
pod	zid	strop
pod, tlo	zid	plafon

podrum	sauna	balkon
podrum	sauna	balkon
	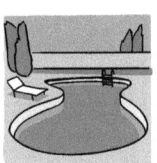	
terasa	bazen	kosilica za travu
terasa	bazen	kosilica
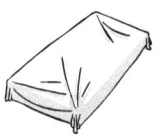		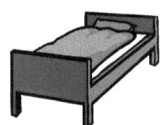
posteljina za krevet	deka za krevet	krevet
posteljina	pokrivač	krevet

metla	kanta	prekidač
metla	kanta	prekidač

dnevna soba
dnevni boravak

tapeta
tapeta
slika
fotografija
svetiljka
lampa
regal
polica
ormar
ormar
televizija
televizija
kamin
dimnjak
cvijet
cvijet
jastuk
jastuk
kauč
kauč
vaza
vaza
daljinski upravljač
daljinski upravljač

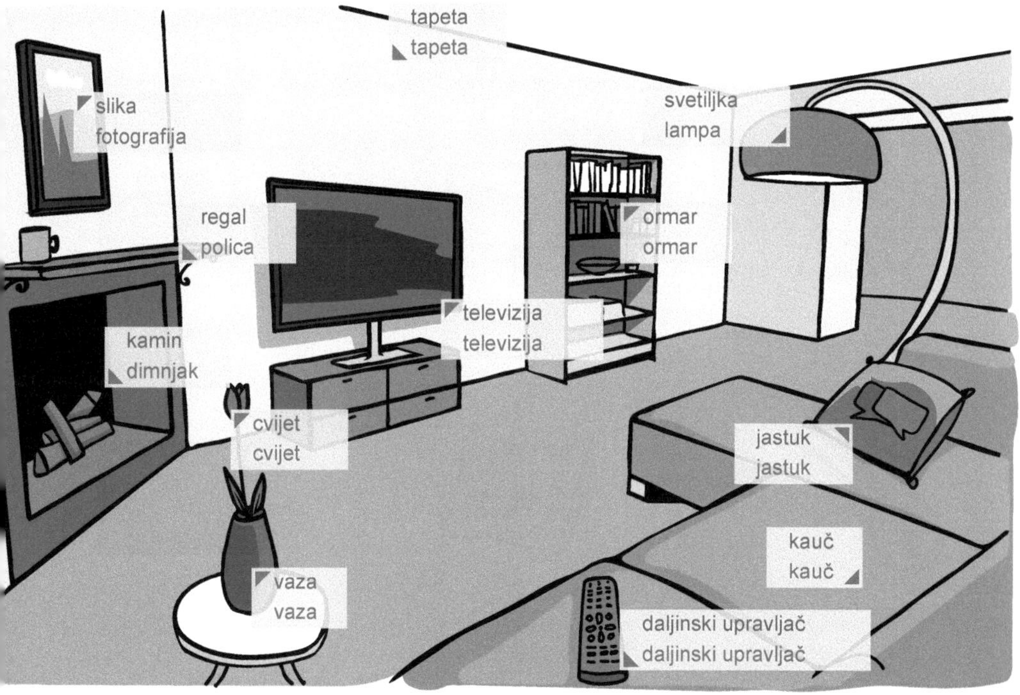

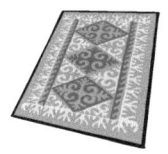

tepih

tepih

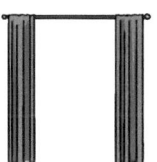

zavesa

zavjesa

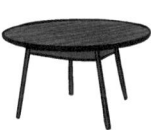

sto

stol

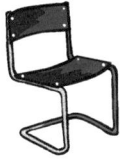

stolica

stolica

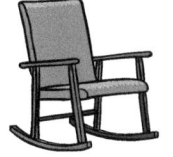

stolica za njihanje

stolica za ljuljanje

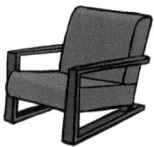

fotelja

fotelja

knjiga
knjiga

deka
deka

dekoracija
dekoracija

drvo za ogrev
ložno drvo

film
film

hi-fi uređaj
stereo uređaj

ključ
ključ

novine
novine

slika na platnu
umjetnička slika

poster
poster

radio
radio

blok za pisanje
blok za bilješke

usisivač
usisavač

kaktus
kaktus

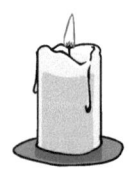

sveća
svijeća

dnevna soba - dnevni boravak

kuhinja
kuhinja

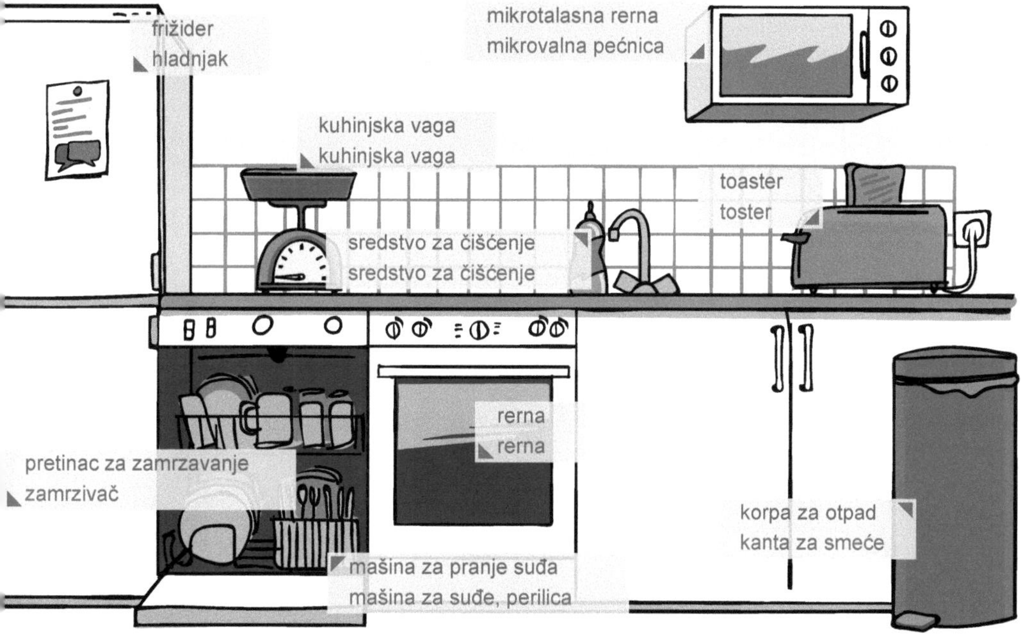

frižider
hladnjak
mikrotalasna rerna
mikrovalna pećnica
kuhinjska vaga
kuhinjska vaga
toaster
toster
sredstvo za čišćenje
sredstvo za čišćenje
rerna
rerna
pretinac za zamrzavanje
zamrzivač
korpa za otpad
kanta za smeće
mašina za pranje suđa
mašina za suđe, perilica

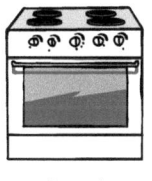

šporet
peć

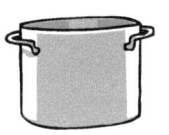

lonac
lonac

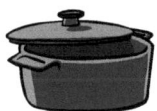

gvozdeni lonac
metalni lonac

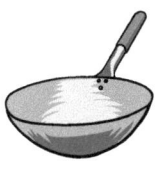

wok / kadai
vok / kadai

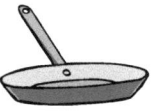

tava
tava, tiganj

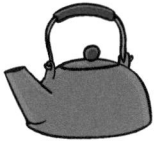

kuvalo za vodu
kuhalo

kuvalo na paru

aparat za kuhanje na pari

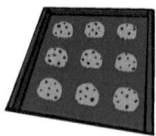

lim za pečenje

lim za pečenje

posuđe

posuđe

čaša

šalica

posuda

činija

štapići za jelo

kineski štapići

kutlača

kutlača

lopatica

lopatica

penjača

metlica za snijeg bjelanjca

sito za kuvanje

sito za kuhanje

sito

sito

ribež

ribež

mužar

avan s tučkom

roštilj

roštilj

ognjište

ložište

daska

daska

oklagija

oklagija

vadičep

vadičep

konzerva

konzerva

otvarač konzervi

otvarač za konzerve

krpa za lonac

krpe za lonac

sudoper

sudoper

četka

četka

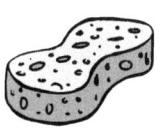

sunđer

spužva

mikser

mikser

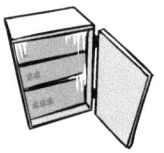

zamrzivač

zamrzivač

flašica za bebe

flašica za bebu

slavina za vodu

slavina

kupaonica
kupatilo

grejanje
grijanje
tuš
tuš
peškir
peškir
zavesa za tuš
zavjesa za tuš
penušava kupka
pjenušava kupka
kada
kada
čaša
čaša
mašina za pranje veša
mašina za veš
slavina za vodu
slavina
pločice
pločice
tuta
dječja kahlica
sudoper
sudoper

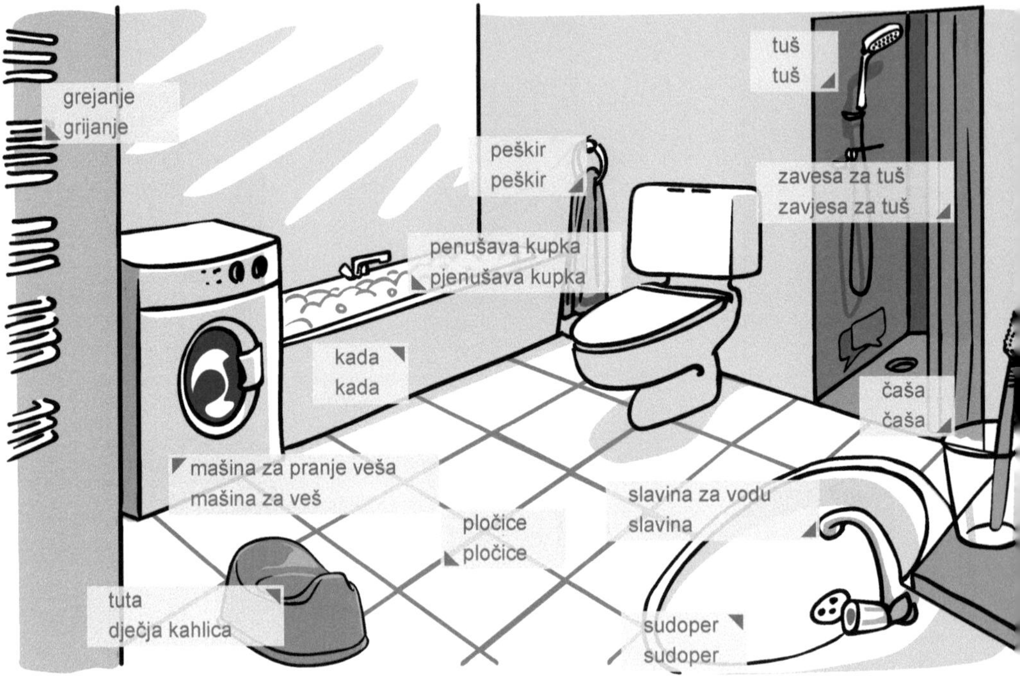

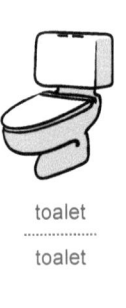

toalet

toalet

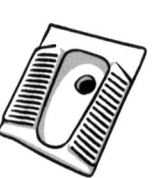

čučavac

čučavac

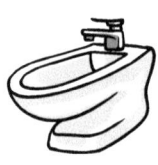

bidet

bide

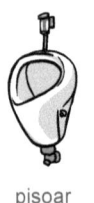

pisoar

pisoar

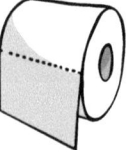

toaletni papir

toalet papir

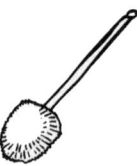

četka za toalet

četka za wc

četkica za zube
četkica za zube

pasta za zube
pasta za zube

konac za zube
zubni konac

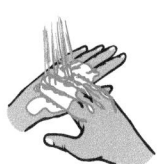

prati
prati

tuš ručica
tuš

tuš za pranje intimnih
delova
intimni tuš

lavor
lavor

četka za pranje leđa
četka za leđa

sapun
sapun

gel za tuširanje
gel za tuširanje

šampon
šampon

krpa za pranje
krpe za pranje

odvod
odvod

krema
krema

dezodorans
dezodorans

ogledalo

ogledalo

kozmetičko ogledalo

ogledalo za šminkanje

brijač

brijač

pena za brijanje

pjena za brijanje

losion za posle brijanja

vodica poslije brijanja

češalj

češalj

četka

četka

fen za kosu

fen

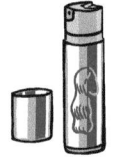

sprej za kosu

sprej za kosu

makeup

puder

ruž za usne

karmin

lak za nokte

lak za nokte

vata

vata

makaze za nokte

makazice za nokte

parfem

parfem

kupaonica - kupatilo

kozmetička torbica
kozmetička torbica

stolica
hoklica

vaga
vaga

ogrtač
kupaći ogrtač

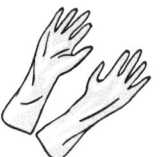

rukavice za čišćenje
rukavice za čišćenje

tampon
tampon

uložak
uložak za dame

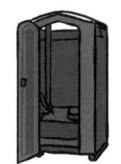

hemijski toalet
hemijski toalet

dečija soba
dječija soba

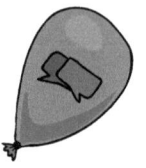

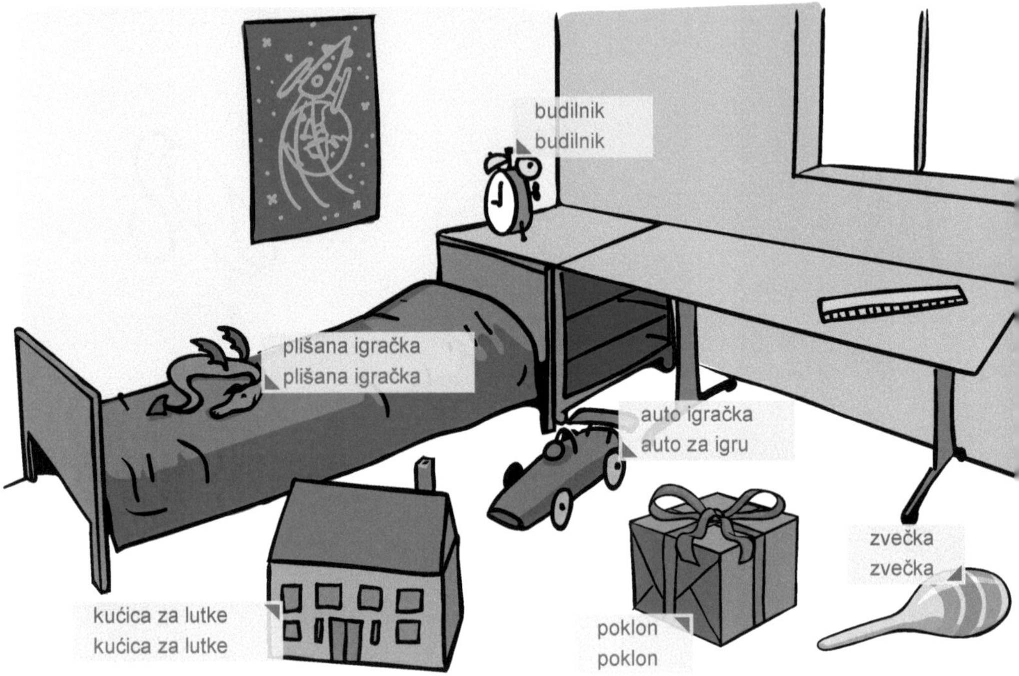
budilnik
budilnik
plišana igračka
plišana igračka
auto igračka
auto za igru
zvečka
zvečka
kućica za lutke
kućica za lutke
poklon
poklon

balon
balon

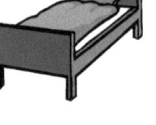

krevet
krevet

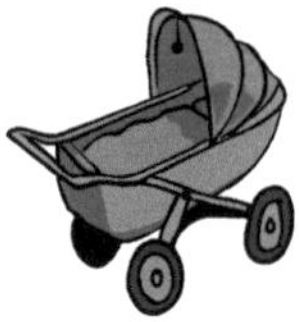
dečija kolica
kolica za djecu

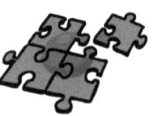

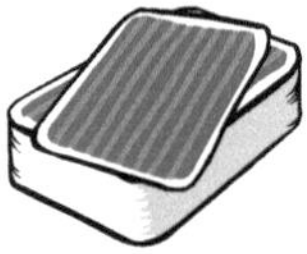
igra s kartama
karte za igranje

slagalica
puzle

SUPER
MEGA
strip
strip

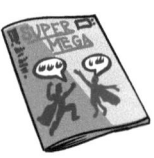

lego kockice

lego kockice

kockice za slaganje

kockice za gradnju

akcioni junak

akcione figure

benkica za bebe

benkica

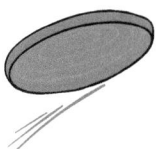

frizbi

frizbi

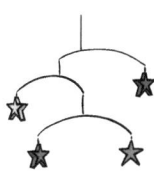

viseće igračke

mobile

društvene igre

igra na ploči

kocka

kocka

minijaturna željeznica

miniatura željeznice

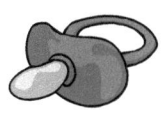

duda

cucla

zabava

zabava

slikovnica

slikovnica

lopta

lopta

lutka

lutka

igrati

igrati

pješčanik
pješćanik

ljuljačka
ljuljačka

igračka
igračke

konzola za igre
konzola za igru

tricikl
triciklo

tedi
medvjedić

ormar
ormar

odeća
odjeća

kratke čarape
kratke čarape

čarape
čarape

hulahopke
hulahopke

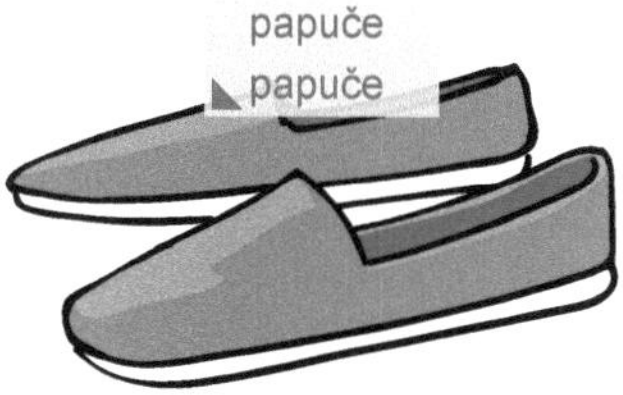

šal
šal

kišobran
kišobran

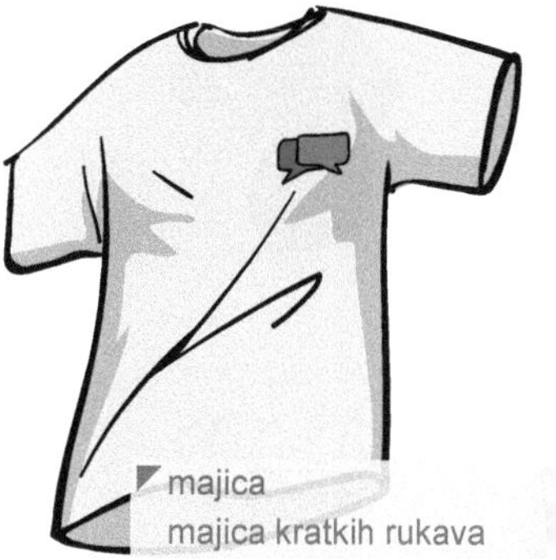

kaiš
kaiš

majica
majica kratkih rukava

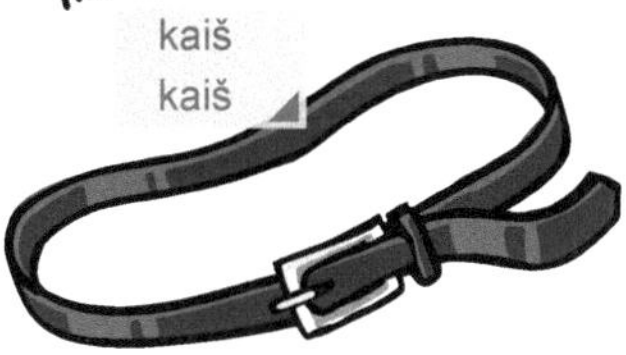

patike
patike

čizme
čizme

papuče
papuče

sandale
sandale

cipele
cipele

gumene čizme
gumene čizme

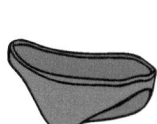
gaćice
gaće

grudnjak
grudnjak

potkošulja
potkošulja

bodi
....
bodi

pantalone
....
hlače

farmerke
....
farmerke

suknja
....
suknja

bluza
....
bluza

košulja
....
košulja

džemper
....
džemper

džemper s kapuljačom
....
majica

sako
....
sako

jakna
....
jakna

kaput
....
mantil

kabanica
....
kišni mantil

kostim
....
kostim

haljina
....
haljina

venčanica
....
vjenčanica

odeća - odjeća

odelo

odijelo

spavaćica

spavaćica

pidžama

pidžama

sari

sari

marama za glavu

marama

turban

turban

burka

burka

kaftan

kaftan

abaja

abaja

kupaći kostim

kupaći kostim

kupaće gaćice

kupaće gaće

kratke pantalone

kratke hlače

odeća za trening

trenerka

kecelja

pregača

rukavice

rukavice

dugme

dugme

naočare

naočare

narukvica

narukvica

ogrlica

ogrlica

prsten

prsten

naušnica

naušnica

kapa

kapa

vešalica

vješalica

šešir

šešir

kravata

kravata

patent zatvarač

patentni zatvarač

kaciga

kaciga

naramenice

tregeri za hlače

školska uniforma

školska uniforma

uniforma

uniforma

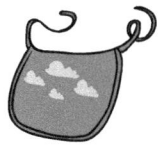

podbradak

podbradak

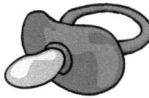

duda

cucla

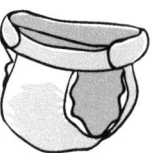

pelena

pelene

kancelarija

ured

server
server
ormar za spise
ormar za kartoteku
štampač
štampač
papir
papir
monitor
monitor
miš
miš
pisaći stol
pisaći sto
mapa
registrator
tastatura
tastatura
košara za papir
korpa za papir
kompjuter
kompjuter
stolica
stolica

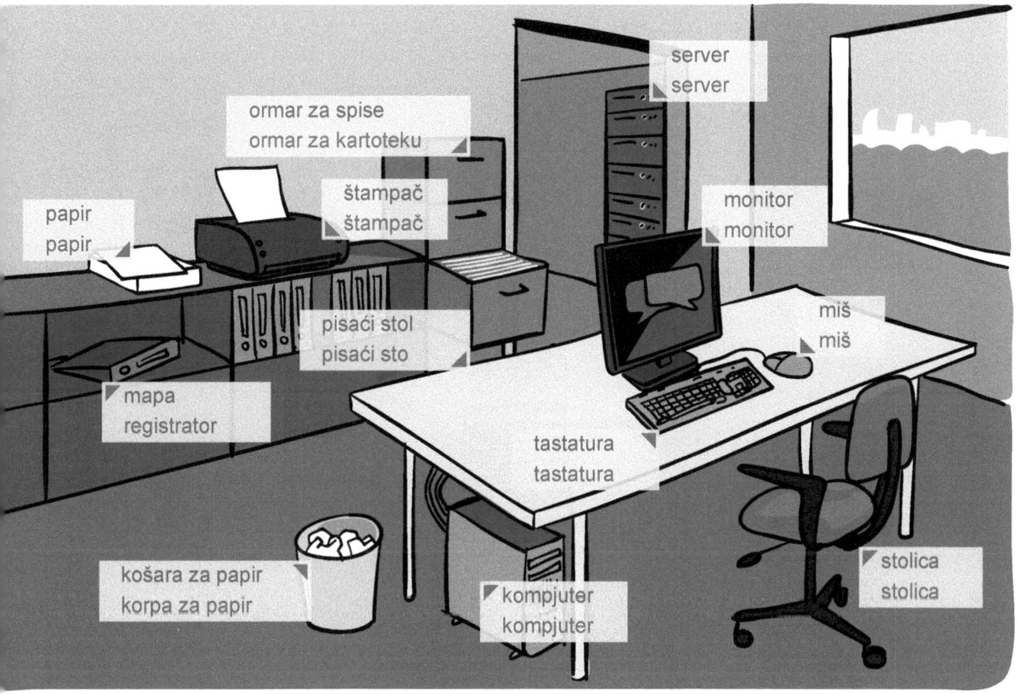

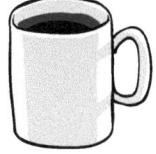

šalica za kavu

šolja za kafu

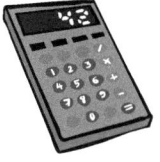

kalkulator

kalkulator

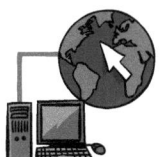

internet

internet

laptop

laptop

pismo

pismo

poruka

poruka

mobilni telefon

mobilni telefon

mreža

mreža

uređaj za kopiranje

aparat za kopiranje

softver

softver

telefon

telefon

utičnica

utičnica

faks

faks

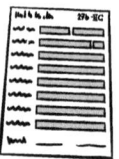

formular

formular

dokument

dokument

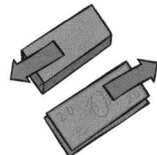

kupovati
kupovati

platiti
platiti

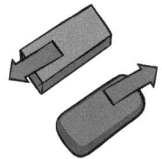

trgovati
trgovati

novac
novac

dolar
dolar

evro
euro

jen
jen

rublja
rublja

švajcarski franak
franak

renmindbi juan
renminbi jen

rupija
rupi

automat za novac
bankomat

menjačnica

mjenjačnica

zlato

zlato

srebro

srebro

nafta

nafta

energija

energija

cena

cijena

ugovor

ugovor

porez

porez

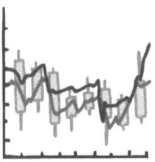

deonica

akcija

raditi

raditi

službenik

službenik

poslodavac

poslodavac

fabrika

fabrika

prodavnica

radnja

policajac
policajac

vatrogasac
vatrogasac

kuvar
kuhar

lekar
ljekar

pilot
pilot

vrtlar
baštovan

stolar
stolar

krojačica
krojačica

sudija
sudija

hemičar
hemičar

glumac
glumac

vozač autobusa

vozač autobusa

vozač taksija

vozač taksija

ribar

ribar

čistačica

čistačica

krovopokrivač

krovopokrivač

konobar

konobar

lovac

lovac

slikar

moler

pekar

pekar

električar

električar

građevinski radnik

građevinski radnik

inženjer

inženjer

mesar

koljač

limar

limar, vodoinstalater

poštar

poštar

vojnik

vojnik

arhitekta

arhitekta

blagajnik

blagajnik

cvećar

cvjećar

frizer

frizer

kondukter

kontrolor

mehaničar

mehaničar

kapetan

kapiten

zubar

zubar

naučnik

naučnik

rabi

rabin

imam

imam

monah

monah

svećenik

sveštenik

čekić
čekić

klešta
kliješta

odvijač
izvijač

ključ za zavrtnje
vijčani ključ

džepna lampa
džepna lampa

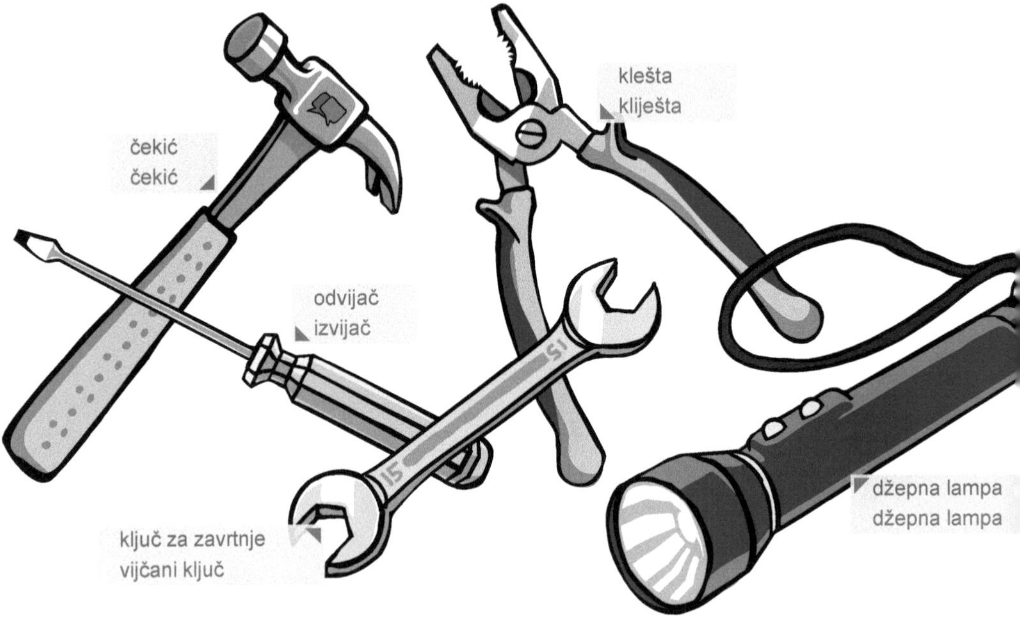

bager
bager

kutija za alat
kutija sa alatom

merdevine
ljestve

pila
testera, pila

ekser
ekser

bušilica
bušilica

alati - alat

popraviti
popraviti

lopata
lopata

do đavola!
sranje!

lopatica
lopatica

lonac za boju
kanta boje

zavrtanji
vijak

muzički instrument
muzički instrumenti

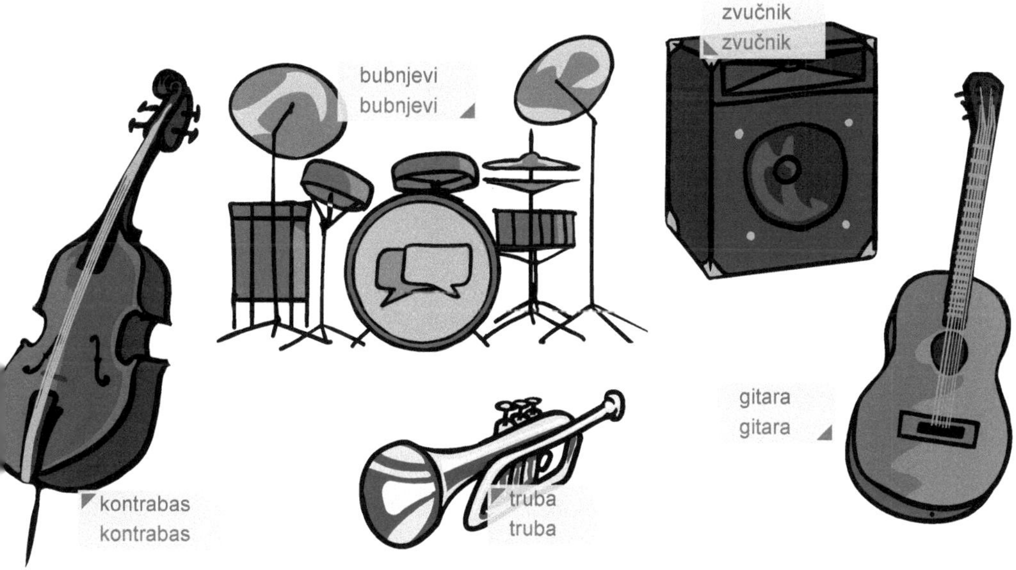

zvučnik
zvučnik

bubnjevi
bubnjevi

gitara
gitara

kontrabas
kontrabas

truba
truba

klavir

klavir

violina

violina

bas

bas

timpani

bubanj timpani

udaraljke za bubnjeve

bubanj

tipke klavira

sintisajzer

saksofon

saksofon

flauta

flauta

mikrofon

mikrofon

zoološki vrt
zološki vrt

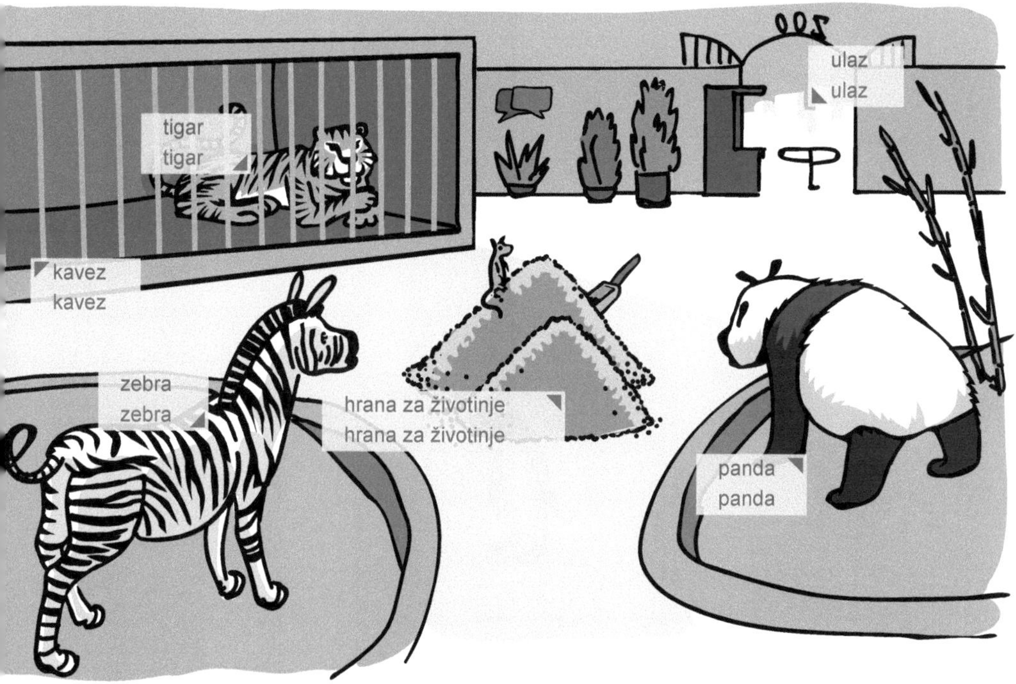

zoo
ulaz
ulaz
tigar
tigar
kavez
kavez
zebra
zebra
hrana za životinje
hrana za životinje
panda
panda

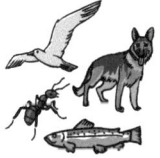

životinje

životinje

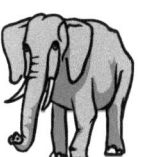

slon

slon

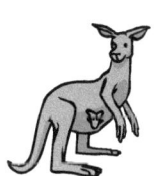

kengur

kengur

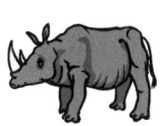

nosorog

nosorog

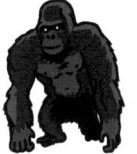

gorila

gorila

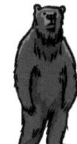

medved

medvjed

kamila

kamila

noj

noj

lav

lav

majmun

majmun

flamingo

flamingo

papagaj

papagaj

polarni medved

polarni medvjed

pingvin

pingvin

ajkula

morski pas

paun

paun

zmija

zmija

krokodil

krokodil

čuvar u zoološkom vrtu

čuvar u zološkom vrtu

tuljan

tuljan

jaguar

jaguar

poni

poni

leopard

leopard

nilski konj

nilski konj

žirafa

žirafa

orao

orao

divlja svinja

divlja svinja

riba

riba

kornjača

kornjača

morž

morž

lisica

lisica

gazela

gazela

sport
sport

američki nogomet
američki fudbal

biciklizam
vožnja bicikla

tenis
tenis

košarka
košarka

plivanje
plivanje

boks
boks

hokej na ledu
hokej na ledu

fudbal
fudbal

badminton
bedminton

atletika
laka atletika

rukomet
rukomet

skijanje
skijanje

polo
polo

skočiti
skakati

zagrliti
zagrliti

smejati se
smijati se

ići
ići

pevati
pjevati

sanjati
sanjati

moliti se
moliti

poljubiti
ljubiti

pisati
pisati

crtati
crtati

pokazati
pokazati

gurati
gurati

dati
dati

uzeti
uzeti

imati

imati

činiti

raditi

biti

biti

stojati

stajati

trčati

trčati

povlačiti

vući

baciti

baciti

padati

pasti

ležati

ležati

čekati

čekati

nositi

nositi

sediti

sjediti

oblačiti

obući

spavati

spavati

probuditi se

probuditi

aktivnosti - aktivnosti

gledati
pogledati

plakati
plakati

milovati
milovati

češljati
češljati

govoriti
govoriti

razumeti
razumjeti

pitati
pitati

slušati
slušati

piti
piti

jesti
jestl

pospremiti
pospremiti

voleti
voljeti

kuhati
kuhati

voziti
voziti

leteti
letjeti

ploviti

jedriti

računati

računati

čitati

čitati

učiti

učiti

raditi

raditi

venčati se

vjenčavti

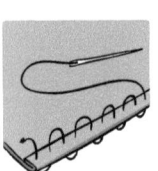

šiti

šiti

prati zube

prati zube

ubiti

ubiti

pušiti

pušiti

poslati

slati

baka
baka

deda
djed

otac
otac

majka
majka

beba
beba

kćerka
kćerka

sin
sin

gost
gost

tetka
ujna, tetka, strina

ujak, stric
ujak, tetak, stric

brat
brat

sestra
sestra

telo

tijelo

čelo
čelo
oko
oko
lice
lice
brada
brada
grudi
grudi
prst
prst
ruka
ruka, šaka
ruka
ruka
rame
leđa
noga
noga

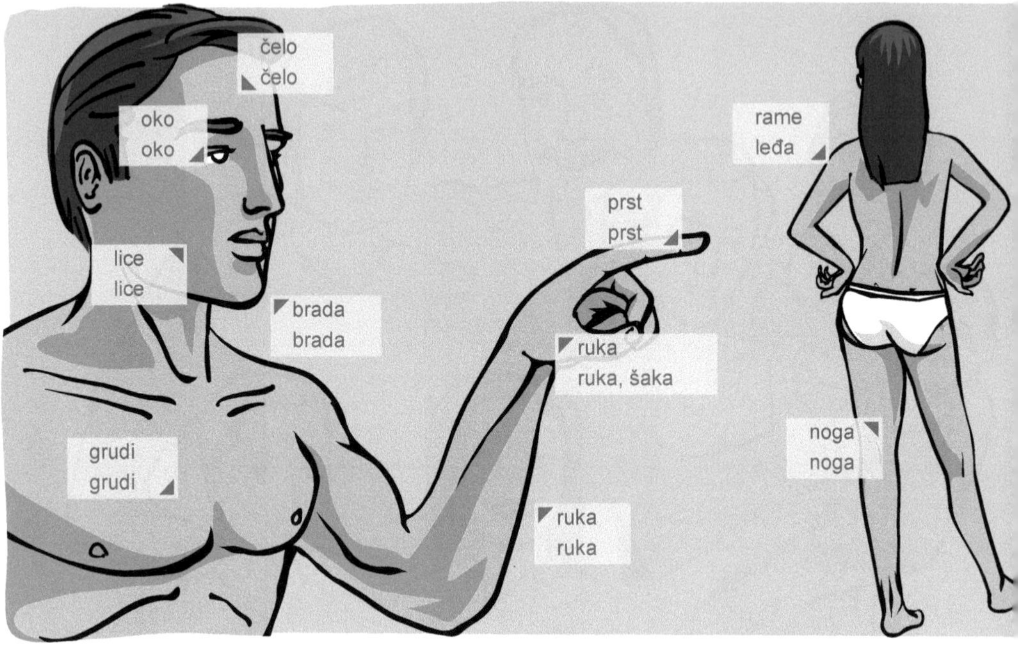

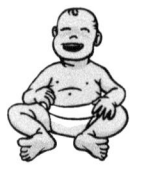

beba
beba

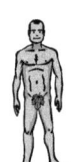

muškarac
muškarac

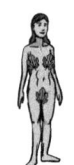

žena
žena

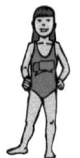

devojčica
djevojčica

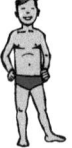

dečak
dječak

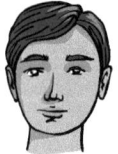

glava
glava

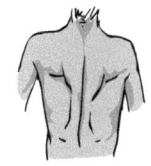

leđa
leđa

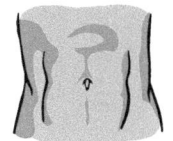

stomak
stomak

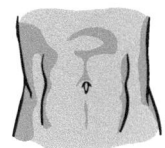

pupak
pupak

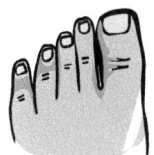

nožni prst
nožni prst

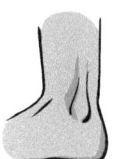

peta
peta

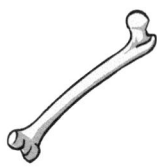

kost
kosti

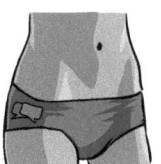

kukovi
kuk

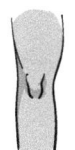

koleno
koljeno

lakat
lakat

nos
nos

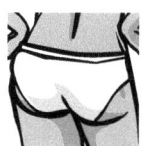

zadnjica
stražnjica

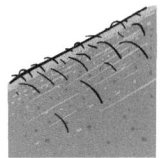

koža
koža

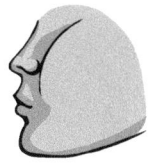

obraz
obraz

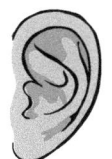

uvo
uho

usna
usna

usta

usta

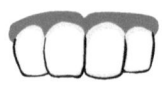

zub

zub

jezik

jezik

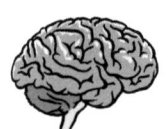

mozak

mozak

srce

srce

mišić

mišić

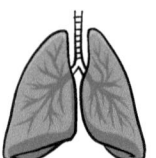

pluća

pluća

jetra

jetra

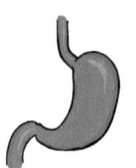

želudac

želudac

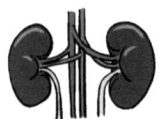

bubrezi

bubreg

polni odnos

spolni odnos

kondom

kondom

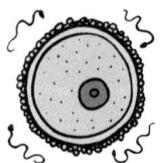

jajna ćelija

jajna ćelija

sperma

sperma

trudnoća

trudnoća

telo - tijelo

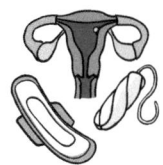

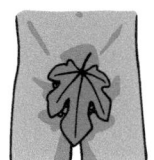

| menstruacija | vagina | penis |
| menstruacija | vagina | penis |

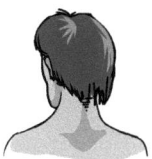

| obrva | kosa | vrat |
| obrva | kosa | vrat |

bolnica
bolnica

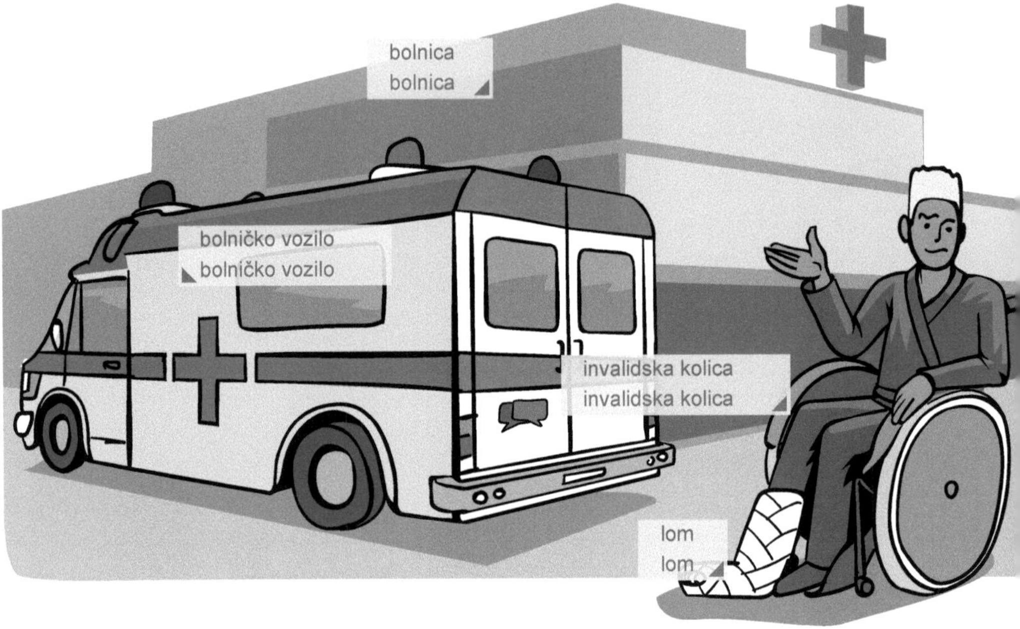

bolnica
bolnica
bolničko vozilo
bolničko vozilo
invalidska kolica
invalidska kolica
lom
lom

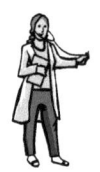

lekar
ljekar

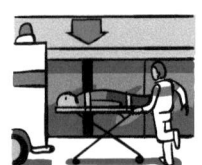

hitna medicinska služba
hitna služba

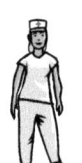

medicinska sestra
medicinska sestra

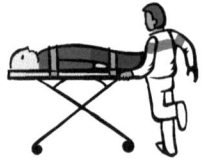

hitni slučaj
hitna pomoć

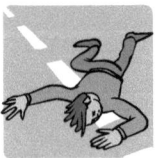

nesvest
nesvjest

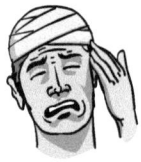

bol
bol

povreda

povreda

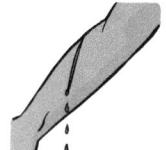

krvarenje

krvarenje

srčani udar

srčani udar, infarkt

udar

moždani udar

alergija

alergija

kašalj

kašalj

groznica

groznica

gripa

gripa

proliv

proljev

glavobolja

glavobolja

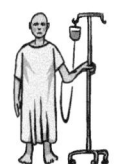

rak

rak

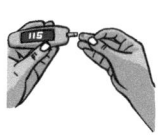

dijabetes

dijabetes

hirurg

hirurg

skalpel

skalpel

operacija

operacija

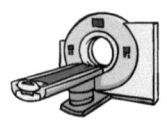

ct
....
CT

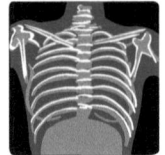

rentgen
....
rendgen

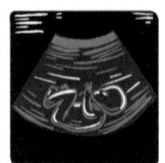

ultrazvuk
....
ultrazvuk

maska
....
maska

bolest
....
bolest

čekaona
....
čekaonica

štaka
....
štake

flaster
....
flaster

zavoj
....
zavoj

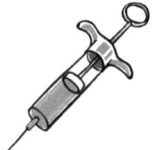

injekcija
....
injekcija

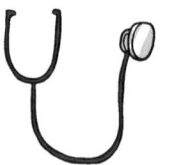

stetoskop
....
stetoskop

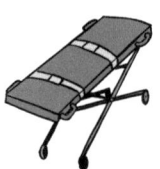

nosila
....
nosilo

termometar
....
termometar

rođenje
....
porod

prekomerna težina
....
prekomjerna težina, debljina

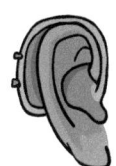

slušni aparat
slušni aparat

sredstvo za dezinfekciju
sredstvo za dezinfekciju

infekcija
infekcija

virus
virus

HIV / AIDS
HIV/ AIDS

medicina
medicina

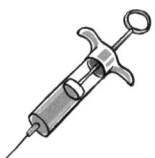

vakcinacija
vakcinacija

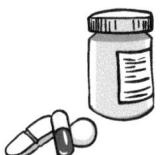

tablete
tablete

pilula
pilula

hitni poziv
hitni poziv

uređaj za merenje pritiska
aparat za mjerenje pritiska

bolesno / zdravo
bolestan / zdrav

pomoć!

Upomoć!

alarm

alarm

nasrtaj

napad, prepad

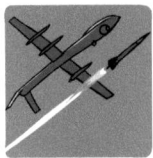

napad

napad

opasnost

opasnost

izlaz u slučaju nužde

izlaz u slučaju opasnosti

požar!

Požar!

protivpožarni aparat

vatrogasni aparat

nezgoda

nezgoda

kutija prve pomoći

torba prve pomoći

sos

SOS

policija

policija

Evropa
....
Europa

Severna Amerika
....
Sjeverna Amerika

Južna Amerika
....
Južna Amerika

Afrika
....
Afrika

Azija
....
Azija

Australija
....
Australija

Atlantik
....
Atlantik

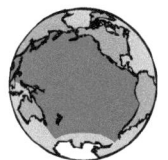

Pacifik
....
Pacifik

Indijski okean
....
Indijski okean

Antarktički okean
....
Antarktički okean

Arktički ocean
....
Arktički okean

Severni pol
....
Sjeverni pol

Južni pol
Južni pol

Antarktik
Antarktik

zemlja
Zemlja

zemlja
zemlja

more
more

otok
ostrvo

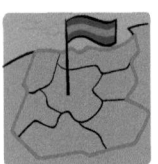

nacija
nacija

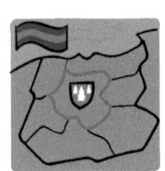

država
država

brojčanik sata
brojčanik sata

satna kazaljka
kazaljka sata

minutna kazaljka
kazaljka minute

sekundna kazaljka
kazaljka sekunde

Koliko je sati?
Koliko je sati?

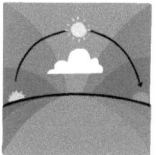

dan
dan

vreme
vrijeme

sada
sada

digitalni sat
digitalni sat

minuta
minuta

čas
sat

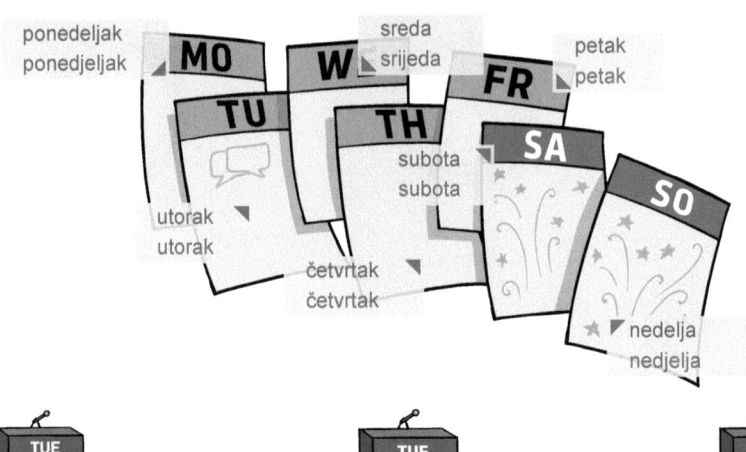

ponedeljak
ponedjeljak

sreda
srijeda

petak
petak

utorak
utorak

subota
subota

četvrtak
četvrtak

nedelja
nedjelja

juče

juče

danas

danas

sutra

sutra

jutro

jutro

podne

podne

več e

več e

MO	TU	WE	TH	FR	SA	SU
1	2	3	4	5	6	7
8	9	10	11	12	13	14
15	16	17	18	19	20	21
22	23	24	25	26	27	28
29	30	31	1	2	3	4

radni dani

radni dani

MO	TU	WE	TH	FR	SA	SU
1	2	3	4	5	6	7
8	9	10	11	12	13	14
15	16	17	18	19	20	21
22	23	24	25	26	27	28
29	30	31	1	2	3	4

vikend

vikend

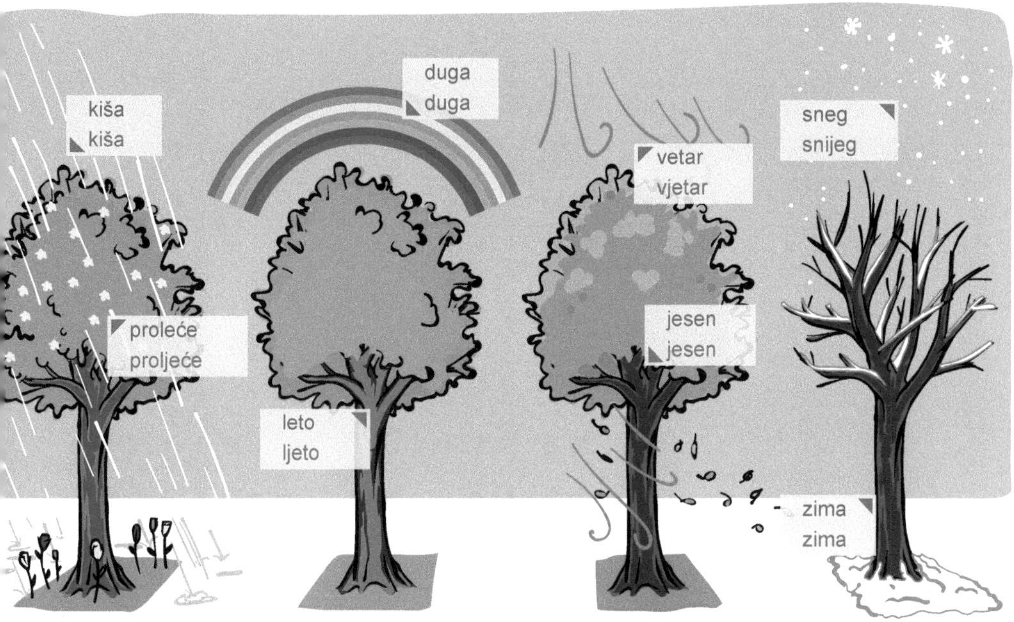

kiša
kiša

duga
duga

sneg
snijeg

vetar
vjetar

proleće
proljeće

jesen
jesen

leto
ljeto

zima
zima

4.APRIL	11°	☀
5.APRIL	4°	
6.APRIL	13°	
7.APRIL	8°	
8.APRIL	10°	☀

meteorološka prognoza

prognoza vremena

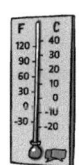

termometar

termometar

sunčana svetlost

sunčev sjaj

oblak

oblak

magla

magla

vlažnost vazduha

vlažnost vazduha

munja

munja

grmljavina

grom

oluja

oluja

tuča

tuča, led

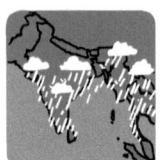

monsun

monsun

poplava

poplava

led

led

januar

januar

februar

februar

mart

mart

april

april

maj

maj

juni

juni

juli

juli

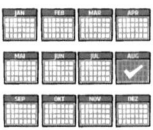

avgust

avgust

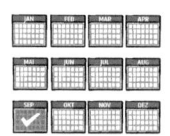

septembar

septembar

oktobar

oktobar

novembar

novembar

decembar

decembar

oblici

oblici

krug

krug

kvadrat

kvadrat

pravougao

pravougao

trougao

trougao

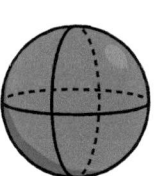

kugla

kugla

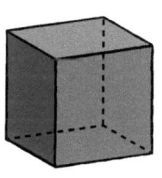

kocka

kocka

bela

bjel

žuta

žut

narandžasta

narandžast

ružičasta

pink

crvena

crven

ljubičasta

ljubičast

plava

plav

zelena

zelen

smeđa

smeđ

siva

siv

crna

crn

mnogo / malo
malo / mnogo

ljutito / mirno
ljutit / miran

lepo / ružno
lijep / ružan

početak / kraj
početak / kraj

veliko / maleno
veliki / mali

svetlo / tamno
svijetlo / tamno

brat / sestra
brat / sestra

čisto / prljavo
čist / prljav

potpuno / nepotpuno
potpun / nepotpun

dan / noć
dan / noć

mrtvo / živo
mrtav / živ

široko / usko
široko / usko

jestivo / nejestivo
ukusno / neukusno

zlo / dobro
zao / prijatan

uzbuđeno / dosadno
uzbuđen / dosadan

debelo / mršavo
debeo / mršav

na početku / na kraju
najprije / najkasnije

prijatelj / neprijatelj
prijatelj / neprijatelj

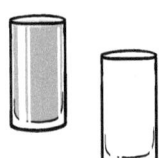

puno / prazno
pun / prazan

tvrdo / mekano
trvd / mekan

teško / lagano
težak / lagan

glad / žeđ
glad / žeđ

bolesno / zdravo
bolestan / zdrav

ilegalno / legalno
ilegalan / legalan

pametno / glupo
inteligentan / glup

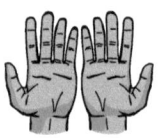

levo / desno
lijevo / desno

blizu / daleko
blizu / daleko

novo / polovno

nov / polovan

ništa / nešto

ništa / nešto

staro / mlado

star / mlad

uključeno / isključeno

uključeno / isključeno

otvoreno / zatvoreno

otvoreno / zatvoreno

tiho / glasno

tiho / glasno

bogato / siromašno

bogat / siromašan

tačno / pogrešno

tačno / pogrešno

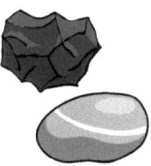

hrapavo / glatko

hrapav / glatak

tužno / sretno

tužan / srećan

kratko / dugo

kratak / dug

polako / brzo

spor / brz

mokro / suho

mokro / suho

toplo / hladno

toplo / hladno

rat / mir

rat / mir

0

nula

nula

1

jedan

jedan

2

dva

dva

3

tri

tri

4

četiri

četiri

5

pet

pet

6

šest

šest

7

sedam

sedam

8

osam

osam

9

devet

devet

10

deset

deset

11

jedanaest

jedanaest

12

dvanaest
dvanaest

13

trinaest
trinaest

14

četrnaest
četrnaest

15

petnaest
petnaest

16

šestnaest
šesnaest

17

sedamnaest
sedamnaest

18

osamnaest
osamnaest

19

devetnaest
devetnaest

20

dvadeset
dvadeset

100

stotinu
sto

1.000

hiljadu
hiljada

1.000.000

milion
milion

engleski

engleski

američki engleski

američki engleski

mandarinski kineski

kinesko mandarinski

hindski

hindi

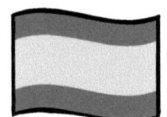

španski

španski

francuski

francuski

arapski

arapski

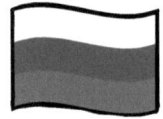

ruski

ruski

portugalski

portugalski

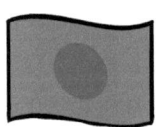

bengalski

bengalski

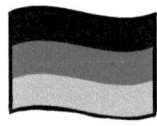

nemački

njemački

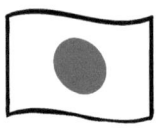

japanski

japanski

ja
ja

ti
ti

on / ona / ono
on / ona / ono

mi
mi

vi
vi

oni
oni

Ko?
ko?

Šta?
šta?

Kako?
kako?

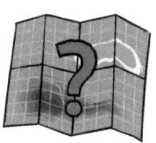

Gde?
gdje?

Kada?
kada?

ime
ime

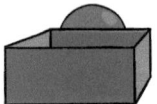

iza
iza

u
u

ispred
pred

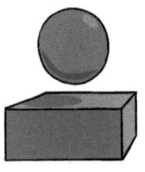

preko
iznad

na
na

ispod
ispod

pored
pored

između
između

mesto
mjesto